―目指そうキャリアアップ―

仕事が不満な貴女へ

弁理士
照嶋 美智子 *Michiko Terushima*

文芸社

目次

一　はじめに

仕事が不満だ、面白くないという人は幾らでもいる。だからといって、満足出来る面白い仕事が（そして人生も）簡単に見つかるとは誰も考えてはいないであろう。努力もせずに青い鳥は見つからない。だから、ここで書くのは、そのための努力の勧めである。と書くと偉そうだが、それは、試行錯誤や苦労にめげないで進んで行けば（青い鳥ほどではなく、棚ぼたでもないが）、なんとか結果はついてくるものだという私自身の体験を目安にした、普通の人のレベルの話である。

普通の人でも、地道に努力すれば出来ることがある。特別の才能や条件に恵まれた人は別として、私たちのような普通の人は、足が地に着かない幻想を追いかけても仕方がない。自分の手で努力して開拓する、身の丈に合った、確かなそして相応に充実した生き方を選ぶのがベストではないだろうか。

特に、就職予定の女子学生を含めて（将来の仕事の目的設定や計画は、学生時代のうちに具体的に段取りをつけて、用意を始めておくのが望ましい）、人生これから、あるいは、今いろいろと迷っている若い、またはまだ若い心を持った微妙な年頃の人たちへこのメッセージを送りたい。

今、日本では、政治、経済、官も民も構造改革論一色である。しかし、その実現となると、いまだ道遠しの感が強い。多少は好転の兆しもあるとはいえ、まだ不況から脱出しているとはいえない社会情勢や、事業体制に変化が生じている状況のもとで、先行き不安やリストラの心配をしながら、暗い雰囲気の職場も少なくないであろう。男性だって楽ではないのに、働く女性の立場は一層厳しい。

最近もある大手企業が男女差別待遇をしたことに対する訴訟で、裁判所は原告の女性側（従業員グループ）の訴えを認めなかった。また、産休を取った女性に対する会社の差別待遇のケースでも、最高裁の判決には会社寄りの傾向が見られる。時代遅れの感が強い。

一方、ちょうどこの原稿を書いている時に報じられたニュースによると、大手電気工業の男女賃金差別の訴えに関して、大阪高裁で原告女性の主張を大幅に認める和解が成立し、実質的に原告勝利という結果が出たようだ。その結果は喜ばしいものであるが、これは国連から出されている差別解消勧告を念頭においての措置と聞くと、やはり外圧か、全く我が国の体制は国際基準より遅れているなあとの実感が先に立つ。

しかし、このような進展を契機に、もっと女性のための社会体制改革の輪を広げなければと感じる。

我が国では少子高齢化による労働人口の減少を大騒ぎしているが、人的資源の活用に充分な配慮をすれば、まだ、大きな可能性が残されている。それは女性である（高齢者でも個人差があり、余力のある能力のある人が人材として存在するが、それは本題ではないので言及を控えた）。

特に、育児をしながら働く女性は二重の意味で社会全体が支えるべき存在である。産休・育児のための就業時短の意義を考慮もせずに、差別や欠勤扱いにするなど言語道断である。といって、このような差別に対して裁判を起こすことも個人としては容易ではない。

また、育児・介護休業法の改正措置もとられつつあるが、まだ充分とはいえない。となると、とりあえず個々の女性が身近なところから、差別に対する抵抗の動きを起こして、その連鎖を広げて行くという現実路線にならざるを得ないのが実情であろう。

一方、このように書きながらも、日々発行される新聞や雑誌を読んでいると、「おや」という記事が目にとまる回数が増えて、時代は遅ればせながら、進みつつあるのだと感じて嬉しくなるときがある。

例えば、日本経済新聞夕刊（二〇〇四・二・九）は、大阪で、ニチレイ、コクヨ、日清製粉、住友ゴム、損害保険ジャパンの五社が、女性活用について企業を超えて協力と報じ、そのためのセミナーや共同研修が好評だったという。外資系では、GE日本法人、日本IBM、JPモルガン、コダック（東京）等がすでに、同様の活動をしている他社と活発な情報交換をしているとのこと。

いずれも女性社員の活性化が人事上の重要課題と認識しているからである。外資系企業に関しては予想通りとしても、一部ながら、日本企業グループの前向きな姿勢は評価に値する。前向きの風が吹き始めている。貴女もエンジン始動の時のようだ。

かく言う私は、家庭も持たず、一自営業者の立場で、長年、弁理士の仕事に従事してきたが、今は仕事をセミリタイアし、マイペースでコンサルティングやボランティアの仕事をしている。その一つが、お節介ながら、自分の経験に基づいて、後続の女性たちがより自主的に生きるために、専門性のある、そしてなるべく英語も使う仕事に向かって努力するように勧めることである。

たった一度の人生である。自分をよりよく生かせる仕事や暮らしが出来るきっかけになれば幸いと願っている。いわば、貴女より先に仕事世界に生きてきた私から、貴女へのエール、そしてリレーのバトンタッチとして受けとめてほしい。

二　とりあえず英語に慣れよう

面白くない仕事から脱却するためには絶対英語だと言うわけではない。ただ、自分の経験から、また、昨今の国際的な世情を考慮すると、英語を使う環境のほうが女性には働きやすいし、働きがいもある場所を見つけやすい傾向があると観察してのことである。それは従来の日本流とは異なるドライな一面があり、よいことばかりではないけれど、それも配慮の上で広く比較検討の対象とするに値するというわけである。

日本のビジネス界は、そのうち、嫌でももっと英語を使うことを避けて通れなくなるであろうし、言葉だけでなく、就業体制そのものも国際的な基準をもっと考慮しなくてはならなくなろうが、今はとりあえずの現状観察に基づいての話である。それに、どちらかというと、女性のほうが英語（とその世界）への慣れというか異なった環境への適応が早いし、感性もよいようだ。

産業の国際化の進展とともに、日本の企業もそのための対応をしてはいる（生産拠点の外国への移転、外資との提携や合併、リストラによる合理化、外国人の雇用等）。だからといって、女性の雇用状況が先進国並に改善されているわけではない。

統計でも、女性管理職の数はこれらの国に比較して非常に少ないままで、多くの女性が相変わらず男性の補助的仕事やパートに従事しているようだ。

そのほうが気楽だし、構わないというタイプの人もいるであろう。しかし、それは私が、今、呼びかけている人ではない。それに、人それぞれの人生観があるから、そこまで踏み込んでとやかく言うべきことでもない。しかし、可能性はあるのに、何かの理由で挫折感を抱いている人には、もう一度考え直して元気を出してほしい。

だから、私が呼びかけているのは仕事が不満な人と潜在的に不満を持っている人である。ただし、不満なだけでは困る。それをなんとかしようとする、やる気のある、そして、それなりに実力（またはその素地）のある人だ。こういう人材を有効活用しようとしない企業（国内の大企業に多い）には見切りをつけよう。ただし、それは、本人が問題解決の検討や努力をしてみて、それでも見込みなしと判断してのことであるが。

たまたま、これを書きながら読んでいた「AERA」（二〇〇四・二・二）掲載の『一般職の嘆き「重責薄給」評価され、やりがいあるけど』で、日本の大企業における男性の「総合職」に対する女性の「一般職」の職場での男女差別、その悩みや葛藤の現実を知った。さらに、同誌（二〇〇四・二・九）では『負け犬の幸福論』なる標題で未婚の働く女性の心理を追究している。

最近の勝ち組・負け組論争の内容については、そんなこと人それぞれの考えや価値観で決まることなのに、十把一からげで論じないでよと思うけれど、それらのやりとりの中に表明されている今時の若い女性の生き方やものの考え方にはとても興味をひかれた。

これらを読むと、皆、結構がんばっているなとうれしくなる反面、働く女性の環境としては、私たちの若い頃と本質はあまり変わっていないじゃないのという不満も残る。それは、大企業志向の基本姿勢と、一旦、そのような企業に就職すると、そこが全宇宙であるかのごとく、その閉鎖的な空間内での問題に振り回されてしまうことである。もう少し、視線を外に向けて、より広い社会的な見地に立つ判断を基準にしようと提案したい。

このように明らかな男女差別体制で固まった企業にとらわれずとも、国際的な基準を考慮し、より差別なく実力で評価してくれる企業は（そして顧客も）他にあるはずである。ただし、それは、日本の企業ではまだ一部であり、外資系や外資との提携企業、その他の外国関係の企業や事業体のほうがその可能性が高いので、英語をある程度使えるようにして、このような企業にも目を向けることを勧める次第である。

事実、この原稿を書いているときにも、新聞は、ある外資系企業の日本の子会社が、正社員（男女区別なく）の週三日までの短時間勤務制度を導入したと報じていた。育児等の家庭の事情を配慮しての措置という。一方で、能力活用の観点から短期雇用契約の導入をする等、経営の合理化が一層進められ、就業者としては、一時的に高い報酬を得られても、雇用の不安定を覚悟しなければならず、よいことばかりではない。

しかし、企業内の性差別や能力評価に不公平感を抱く人には、一考すべき職場の選択肢の一つであろう。このような傾向について、日本テレコムの鈴木みゆき専務執行役も、日本経済新聞（二〇〇四・二・二十八）で、先に言及した同紙（二〇〇四・二・九）の記事に注目し、日本は世界第二の経済大国だが、最も貴重な資源である人材の少なくとも半分を十分に活用しておらず、二〇〇三年、女性の活用度について世界経済フォーラム参加七十五カ国中、六十九位だったこと、結果として、国内企業では良い就労の機会に恵まれない多くの女性が留学して海外や外資系企業への就職を求める「頭脳流出」を招いたと指摘している（しかし、その中には実績を買われて、国内企業や事業に「Uターン」という興味深い事例もけっこうあることに注目しよう）。

これは、まさに、私の現在のお勧めコースであるが、このような動きへの日本企業のこれからの対応や変化を注意深く見守りつつも、当面はこの戦術が現実路線のようだ。

それから、日本の会社でも、中小企業やベンチャー企業で、事業内容がよく、経営者も理解があるときは、女性にとって望ましい職場のことがある（特にコンピュータ関係）。そこでは、実力を認められれば、男女を問わずそれに見合った仕事に就ける可能性がある。このような企業では、とにかく実力（能力）とやる気のある人材を生かして実績を上げる必要に直面しているから、トップダウン方式で人事を決めることが多い。

それに、今は、このような企業でも国際的な取引は欠かせない。さらに、限られた人員で仕事を分担するから、より包括的な仕事の機会がある。まして、英語でビジネスもこなせるとなれば、その能力は一層評価されよう（ただし、時短については問題があるかもしれないが）。

要するに、私の言いたいことは、個々の実力とやる気のある女性が、充分に自分の能力や個性を生かして働く場所を得、そして、なるべく家庭も子供も持つように努力し、実行することで自分を豊かにすると同時に社会の活性化に役立ち、結果として、職場の構造改革への動きを推進する原動力にもなるであろうという期待である。

それには、まず雇用関係において（自分で起業能力のある人は別として）、仕事のし甲斐のない、女性に差別や偏見のある職場を去る、あるいはそのような職場は当初からよく調べて避けるくらいの気概を持ってほしい（会社の名前や仕事の表面的な見栄に釣られないで）。そのためには、仲間をつくり、情報交換等で連携し、あるいは各種セミナーや研修会に出席するなどして必要な知識や情報を得、実力をつけながら行動を起こし、自分たちを公平に守る体制の確立へ向けてもっと大きな声を上げよう。

三　でも英語だけではだめ

今日、英語は国際共通語として、世界中で使用されており、あらためてその必要性を云々するまでもない。特に、日本人に身近なアジア圏でも、英語でのコミュニケーションが行われることが多い。しかし、日本人の英語力はそのアジア地域でも最低のほうとかで、今、我が国は国際競争力強化のため、国をあげて英語対策に大わらわである。

これは、主として、英語を聴き、話す、即ち、コミュニケーションの能力強化に重点を置いてのことだが、私の経験からすると（特に高度の英語力が必要とされるような場合、例えば、アメリカの弁護士との法律問題検討とか国際学会での発表や質疑応答等を除き）、基本的には、それほど大騒ぎする問題ではないと思う。

日本人の英語（ネイティヴ）コンプレックスが強すぎることや、日常の姿勢が内向き、派閥・仲間主義で閉鎖的、ツーカー式の日本語ばかり使っているから、何語であれ、相手に対して、きちんとロジカルな話をすることが苦手になるのだ。学校でもそのようなトレーニングが出来ていない。英語だって同じこと。

もともと学校で一応の勉強（その方法に問題ありとしても）をした素地があるのだから、その日本的な障壁をちょっと乗り越えると、案外コミュニケーションの風通しがよくなる感じを得るものである。この辺りの具体的な事情は、後で私の経験談のなかで触れているので参照いただきたい。

四　専門分野に強くなろう

なんとなく英語が好きとか、得意と言う人がいるが、それだけでは、全くだめとは言わないが、たいした仕事にはならない。仕事として何か専門や得意の分野を持とう。語学自体が専門の翻訳や通訳でも、プロになるためには、英語以外に、自分が関わる分野の日本語表現や文化、知識等、勉強すべきことはとても多くて大変のようだ。

専門といってもピンからキリまであるけれど、「キャリアアップ」を目指す貴女には、相応の目的があるはずだ。そこへ向かってステップ・バイ・ステップで、実績を積み重ねながら上昇してゆくのがあるべき姿勢ではないだろうか。

後述の国家公務員や弁護士等の資格取得のためには、大学在学中から試験勉強を始めるのが通常であろう。しかし、一度就職してからの専門性の強化となると、それぞれの状況に応じて千差万別となる。

身近なところで、例えば、アパレル製品や食品等の営業事務からのスタートなら、自社業務や商品のより詳しい知識を得る、さらには当該商品の市場性や企業のビジネス戦略、顧客対策や業界情報全般にも注意を払い、将来のビジネスチャンスについて勉強することなどが考えられる。要するに、末端の（ミクロ的）仕事に振り回されていないで、仕事全体を（マクロ的に）視野に入れた観察に基づいて自分の専門分野の方向付けをし、自分がこれから何をしたいか、すべきか、出来るかを考えよう。

十年余も前であるが、友人の娘は一応名のある大学を卒業し、大手総合商社に入社した。しかし、仕事は男性営業スタッフの補助事務ばかり。堪りかねて、上司に自分も営業職をと願い出たが認められず、結局退職した。もっともであるが、このアプローチは少々甘いと思う。何らかの実績、能力、具体的な改革案等について勉強の上でそれを提示して、自分の可能性を積極的にデモンストレートして交渉をしなければ、従来の一枚岩の体制に固まった組織の門は簡単には開かないであろう。

勉強にしても、例えば、会計なら、その基礎知識からシステム特にソフトウエアシステムやIT関連のスキルの強化（末端の技術操作に限定されず、より総合的な技術の習得）、さらには、税理士の資格試験を目指す勉強までをターゲットにしたいものだ。特に、税理士の試験は一度に全科目合格の必要がなく、一つずつパスしていけばよいので、仕事をしながら勉強するには、時間はかかるが好都合である。

このような勉強も独りではなく、仲間がいると、お互いに励みになる。先に紹介したようなセミナーや研修会への出席は勉強のみならず、仲間や講師である先輩と出会うよいチャンスである。その他にもパソコンや英会話、情報処理等の職業技能の勉強講座で国の教育訓練給付制度の対象にされているものがあり、出版物で紹介されているが、厚労省のホームページ（http://www.mhlw.go.jp）にも掲載されているので、確認の上、勉強に利用することにしよう。

キャリアアップには、そのための勉強と努力は不可欠で、これは将来の自分への効果的な投資と考えれば、現在の仕事への欲求不満解消のよいはけ口となり、ブランド商品の衝動買いなんか馬鹿らしくなる。

蛇足ながら、仕事で身だしなみは大事だけれど、私の考えでは、合理的な出費の範囲内でも工夫をすれば、その出費以上にアピール度を上げることが可能で、それはまた、よい気分転換であると同時に貴女をとても個性的で魅力的にする。よい印象は仕事の場でも顧客に対しても（特に女性の場合は）大切な武器であることをお忘れなく。

こうして勉強し、ある程度その成果が出てきた時点で、その実力を試し、実践する場を探そう。そのような姿勢を企業側がどのように評価し認めてくれるかを見て、さらなる進路を決めることにしたらどうであろうか。

企業に自分の実力を認識してもらうには、ただ受身の姿勢でいないで、自分の積極的な努力ややる気、能力を嫌味なく、さり気なく、しかし明確に自己アピールしたいものである（要するに自分の売り込みである）。

日本人は男女を問わず、この種の自己主張が苦手で、国際社会でもずいぶん損をしてきた。しかし、国際社会どころか、国内でも価値観の多様化の時代である。その場に適した自分のプレゼンテーションの仕方を身につけることは必要である。そして、上司や同僚、顧客等との関係も、なるべく好感を持たれる言葉と態度で、自分の意思を誠意をもって、しかし、はっきりと相手に伝え得るようにしたい。男女を問わず、身辺にお手本になりそうな人を見つけて、研究材料にさせてもらおう。

私のケースは手本というよりパターンの一つにすぎないが、自分の性格として、仕事に影響がありそうなことをするときは黙っていられず、雇用主や周囲にそれを宣言することにしていた。これは潜在意識として自分の迷いを断つことが主目的であったが、意外な効果もあった。宣伝効果だ。

例えば、法律事務所で働きながら、夜間大学の法科に通学したときのこと、通学に好意的な協力を得られたばかりか、学者でもある上司のアメリカ人弁護士は、自分の論文作成の手伝いなどに使ってくれ、その内容が勉強になったばかりか、これを通して、日米の法学会の様子とか、学者の名前に接することが出来た。そして、後日のアメリカへの留学もそこから得た情報が役立ったという次第である。

仕事の能力だって、これからは、終身雇用の保証はないのだから、自社だけでなく、他社に移っても通用するような内容のあるものが望ましい。個人としての商品価値の時代である。

専門といえば、先の税理士の他に、いろいろな国家資格がある。まず、国家公務員の一種（上級）と二種（中級）であるが、一種については、年齢制限は二十一歳以上三十三歳未満とはいえ、試験科目が多く難関なので、先に指摘したように、大学在学中から準備するのが一般的のようだ。二種（二十一歳以上二十九歳未満対象）も人気が高い。

国家公務員は安定した職種であり、特に一種はキャリアの代表的職種である。最近の人事院による、女子学生向けの試験説明会やセミナーの開催広告、さらには担当者の説明からも、女性採用の積極的意欲を感じた。有能な女性の一層の進出が望まれている。

その他の国家資格では、行政書士、司法書士、社会保険労務士などに人気があるようだ。弁護士だって、その気になれば不可能ではない。また、私のように弁理士になる手もある。

弁理士は自分の分野なので、少々詳しく説明させてもらうが、今の時代、知的財産（略して知財）制度がこれからの日本の国家的戦略として最重要視されていることもあって、これを取り巻く制度や法律の改正が急で、弁理士試験の合格者も大幅に増員されている（資格取得のチャンスである）。

仕事は特許や商標、意匠、著作権、不正競争防止法に及ぶ。特許庁に対する諸手続きが基本であるが、さらに最近これらの権利侵害の訴訟とか、ライセンス契約等を広くカバーすべくその業務範囲が拡大された。理工系の出身者が多いが、私のように法律系出身もいれば、その他（文学部とか）の出身でも試験科目にパスすれば資格は取得可能である。

知財は国際的な制度であり、英語を使う機会が多い。弁理士は女性に適した職業としておおいに推薦したい。試験の詳細は特許庁のホームページ（http://www.jpo.go.jp/indexj.htm）に掲載されているので参考にされたい。

また、資格を取得しなくても、実務のアシスタントや翻訳、英文コレスポンデンス等でプロとしての仕事が多い分野なので、そちらでの出番もある。たいした経験もなく資格だけを取得しても、すぐには仕事が一人前に出来ないので、むしろ、このような周辺の実務から始め、並行して試験勉強をするほうが効率が良いようだ。

その実務能力についても、「知的財産検定」なる制度が発足し、一級、二級の評価が認定されるとのことで、それも仕事の支えとなるはずである。主たる職場は企業の知財部や特許事務所、法律事務所である。もちろん、弁理士の資格を取り、依頼者があれば、自分で事務所を構えることが可能となる。実際、女性の弁理士で自分の特許事務所を経営している人は少なくない。

平成十五年度の弁理士会の会長は女性であってこの種の業務分野では珍しいことだ。これからは特に実力のある女性にとって出番が多い分野である。

この分野の実務で、特に英語関連の仕事に興味のある人は、私がボランティアとして関与している、知財英語書面の翻訳や実務のトレーニングを手がける会社があるので、そのホームページ、http://www.zoomin.co.jp（株式会社エイバックズーム）にアクセスすることをお勧めする。その一角に「知財英語フォーラム」と題して、私が気がついたことをシリーズで書き流しているコーナーもあるので、気が向いたらどうぞ。

ちなみに、『ハリーポッターの冒険』の翻訳者として有名になった松岡佑子さんは、それまで、長く知財分野の通訳や翻訳の第一人者として活躍されてきた方である。今回の新分野での翻訳には、原著者との運命的な出会いがあったと推察しているが、それも、分野は違っても、今までの仕事の努力と実績あればこそ、花開いたものと思うのである。

その他、今、外国関係で人気のある資格といえば、実力次第だがアメリカのCPA（公認会計士）やビジネススクールの学位であるMBA（経営管理学修士）がある。ただし、当然、両者とも相当な英語力が要求される。

後者のほうが高度の英語力が必要と思うが、三十代後半の私の知人の場合、大学で物理を専攻後、日本の銀行を経てやはり日本の大手情報関連会社でコンピュータ・プログラマーをしていたが、その後、一年間、毎週土曜日に英語の通訳学校に通って英語力を養い、アメリカの名門大学の留学試験にパスして社費で留学、二年でMBAを取得し帰国した。現在はその会社の国際業務を担当し、海外を飛び回って活躍している。本人の能力もあろうが、通訳学校での勉強が一歩進んだ英語力取得に効果的だったようだ。

ＭＢＡは、最近、日本の会社が社員を社費留学させるところが増え、該当者も結構多く、欧米のビジネス・スキル習得のプロとしての評価が高い。

ＣＰＡは、その資格（日本の公認会計士より競争率が低い）では日本で監査を行うことは出来ないが、外資系の企業や日本でコンサルタント業務を行っているアメリカの会計事務所への就職に有利である。

さらに、英語が得意な人にはアメリカの弁護士資格取得という手もある。日本の大学で法律を専攻して卒業した人はアメリカのロースクールの修士課程へ入学出来る（もちろん許可を得てのことだが）。そこでの一年間の勉強を全うすれば、ＬＬＭ（法学修士）の学位が得られる。その後、二、三カ月かけて、ニューヨーク州等自分の関心がある特定の州法の勉強をして、その州の弁護士資格を取得し、どこか法律事務所で一年ほど実務見習いをして帰国というのが、よくある留学のパターンである。アメリカでは弁護士試験の合格率が日本よりずっと高いので、英語に自信のある人は挑戦したらどうであろうか。

ただ、この弁護士資格では日本の法律問題は扱えない。しかし、すでに、大きなアメリカ等の法律事務所や企業が日本に進出しており、その動きはこれからの規制緩和により加速するはずであるから、そこで、アメリカ等、外国関係の国際法律問題の専門家として働くことは出来よう。資格がなくてもアシスタントとして働き、勉強して実務経験を積み、将来の資格取得や国際分野での活動に備えるという方法もある。

いずれの資格にしても、国家公務員以外は資格が就職に直結しているわけではないから、その資格を生かすためには、関連実務に励み、実力を身につけなければならない。そのためには、自分の現在の仕事や経験を生かせる資格取得を目指すのが本筋である。

しかし、今までの仕事がどうしても苦手なら、自分の進みたい、あるいは自分に適していると思う仕事へ思い切って方向転換するしかない。当初は収入も減るであろうし、慣れない実務の下働きのようなこともしなければならないであろう。けれども、目先のことよりも、長期的な展望で自分の人生目的を決めなければならないときもある。

このような資格（特に国家資格）の試験は、今、不況時とあって、競争率はかなり厳しいが、私がここで対象とするような女性は一般にこの種の試験に強い傾向がある。このような資格を取り、まず、その仕事で実力をつける（ここが辛抱のしどころ）。

どんなことでも初めは下っ端の事柄から覚えねばならず、あと一歩の努力で仕事の概略が分かる時期が大体三年目頃であるが、その辺で辛抱の糸が切れるのか、離職する若者が男女を問わず一般に多いそうだ。仕事が面白くないというのが大方の理由とか。

しかし、子供の遊びではあるまいし、安易に仕事に面白さを求めるのはお門違い。仕事の面白さとはそのようなものではない。それは、十年も努力して分かることである。

それに、自分が望む専門分野での実務体験となれば、当然そのための覚悟は出来ているはずで、軽々と離職する人はあまりいないと思う。ただ、事業体によっては、資格（種類にもよるが）取得をそれほど評価してくれないところもあると聞く。それでも、実務体験に有利であれば、そこにしばらくは居続ける意義があるけれど、さもなければ、その資格をより生かし、評価もしてくれる職場に転職を考えるほうがよいであろう。

このような努力で仕事を充実させてゆくのと並行して、英語に慣れ、駆使することで、仕事のテリトリーや依頼者の層が広がり、あの日本的な男性中心の仲間主義・集団主義の中での付き合いや居心地の悪さから距離を置き、自分自身の空間を享受出来る。スカッと我が道をゆきたいものである。

五　私のかけ出しの頃

イ　大学を出て就職はしたが

何十年も前だが、戦後の貧しい時代で、世の中は不況で就職難だった。当時の田舎町でしがない洋品店を営む親（父）にしては珍しく、子供たちに大学教育を望み、しかも四人兄弟の長女である私には、これから下の兄弟にかかる出費もあるからと、浪人はだめ、卒業後は就職して自立が要件だった。

特に強く希望する分野もなかった私は、当時、娯楽として特にインパクトが強かったアメリカ映画や音楽に代表されるアメリカ文化への淡い憧れもあって、なんとなく選択した英文科であったが、どうも散文的な私にはちょっと性が合わなかったようだ。

卒業しても、女性は仕事より結婚して専業主婦になるほうが普通の時代（仕事はしても腰掛け）だったが、私にはよい縁もなし、生活のために仕事の選り好みのゆとりもなく、学校の推薦で日本のある会社に就職した。

一応英文科卒だから貿易課に配属されて、それらしい仕事をし始めたが、会社の雰囲気が保守的なうえ、仕事が中途半端で、収入にも問題があり、将来の見通しも立たない。

しかし、もともと田舎の公立校出身で、英語も独学同然の私には、英語を聴く・話すの基礎訓練がほとんど出来ていないから、大学の英文科（在学中はもちろん）卒業後まで、そのハンディキャップとコンプレックスを引きずっていて、もっと英語を使う仕事をしたいのだが、安易に転職は出来ない心理状態だった。

同様な経験を、私が卒業した大学の一年後輩に当たり、今は女性実業家（ダイヤル・サービス）として有名な今野由梨さんが新聞紙上で語っておられる。戦中・戦後の苦労や、浪人が許されない大学受験では外国人教師のヒアリングテストで苦労したこと。卒業後はやる気満々で、社長を目指して頑張ると熱意を持って就職活動をしたが、どの会社にも認めてもらえなかったとか。やる気と元気の見えすぎで敬遠され、それなら自分で起業をと、フリーターになって、人の四倍は働いたという。

その甲斐あって、その後ニューヨーク世界博のコンパニオンになり渡米。そこでの電話サービス業や女性起業家との出会いが彼女のその後の事業の原点となったという。

並の実行力ではなく、誰にでも真似出来ることではないが、彼女の結論、「人は必ず自分の仕事に巡り合う」はとても救いのある言葉だ（朝日新聞二〇〇四・二・一）。

もう一人、今野さんの同期に、映画（洋画）の字幕の翻訳で活躍中の戸田奈津子さんがおられる。彼女が何かに書かれたことと記憶しているが、その仕事に心惹かれて機会を得ようとするのだが、扉はなかなか開かず、専門家のところに押しかけるようにして、実際に仕事を始めることが出来たのは、卒業後ずっと後だったようだ。

それぞれ、目的に到達するまでずいぶん苦労しながら、諦めず努力した結果である。

お二人は今も第一線で元気に活躍されている。だから、勝ちだの負けだのなんて、若い頃から、そうそう簡単に決めつけられることではない。まず、堅実な職業人であること。そのためには、メディアの商業的な話題提供の戦略に軽々しく乗せられないくらいの見識を持ちたいものである。

口　転職のために実務の勉強

さて、私には先に挙げた人たちのようなパワーや強い執念はなかったけれど、それでもなんとか現状打開のために頑張ろうとする気持ちはあった。千里の道も一歩からと、在職中の日本の会社で仕事を続けながら、夜間、半年間の英文速記の学校へ行くことにした。

当時、アメリカ系の会社の秘書は比較的給料が高く、上司はアメリカ人だから、英語上達のチャンスでもあった。ただし、一応のビジネス英語能力と英文速記が条件とされた（今では録音機器が使われているのだろう）。

あまり自信はなかったが、これを突破口とする以外にないと考えて実行に移した。速記の練習で気がついたのだが、それは英語の聴き取りの練習にもなり、私の苦手な部分を多少なりと補強してくれたのは有難かった。しかし、その速記も習い始めて三カ月も経つと、馬鹿正直に全部習わなくても、後は要領でなんとか出来る気がして、その時点で転職を実行することに決めた。

ただし、言い訳めくが、これは、やはり三年目の転職の決意ではあるが、仕事が面白くないとかの理由ではなく、生活上の問題（収入）と仕事への上昇志向のためだったことをご理解願いたい。

ハ　三回の転職

ちょうどその頃、「Ｊａｐａｎ Ｔｉｍｅｓ」の求人広告に、アメリカ系の銀行のマネージャーの秘書募集とあったのでそれに応募した。しかし、現実は厳しく、私の速記のテストをしたマネージャーによれば、出来は六割くらいとかで、苦笑いをされた。それでも、ここで引き下がっては元の木阿弥と、必死に食い下がり、私は未経験で不慣れだから、今はこのような成績だけれど、間もなく慣れて、期待に添える自信はあると大見得を切ってしまった。苦手な英語での話も、必要に迫られればなんとかなるものである。

自分のその後の経験からしても、高校卒・大学受験レベルの英語の読み書きの基礎があれば（ただし、まじめにやっていればのことだが）、この程度の、そして、一般のビジネスの場でも、一応の英語を話すことは出来ると思う。多少ギクシャクした日本人なまりの発音や話し方でも、悪びれず、文法の間違いのない誠意のある話し方をする方が、いい加減なネイティヴ英語の真似よりましだと思う。

後に弁理士になってから、自分のアシスタントの採用に立ち会ったことがある。その中には帰国子女もいて、アメリカのどこかのカレッジ卒業とかで話す英語の発音はきれいなのだが、テストで書いた英作文を読むと、ほとんど口語体で書かれていた。間違いではないが、少々場違いの印象を受けたことがある。この調子では英語のビジネス用コレスポンデンスにはならないのだ。

それから、英語を使う上で難しいのは、特に相手が目上や顧客の場合は、失礼な物言いにならないよう配慮することである。普段から話し方が率直な私には、これは従来からの課題で、仕方がないから、下手でも誠意が通じるように気を配ることにしている。ただし、卑屈にはならないこと。これは、日本語も英語も同じで、こういうマナーを身につけるには日頃の心がけが大事である。

特に、英語では、「Please」、「Thank you」、「Excuse me」が日常的に（特に敬語としてでなくても）、日本人の感覚よりずっと頻繁に使われるので気をつけよう。

ところで、話がそれるが、最近、本屋の店頭で『数時間で高校英語の復習をする』とかいうタイトルの本を見つけた。数時間とは極端だが、言わんとする内容は私の経験に近いものであろう。

この基本の復習と、現在のラジオやTVの英語番組（特にNHKのものがよい）、それに英語雑誌等で、コミュニケーションのスキルを勉強していれば、高いお金を出して英語学校に通わなくても（出来ればそれに越したことはないけれど）、英語に慣れることはそれほど難しくはないはずだ。

ただし、それを実践する機会、あるいは、それを使う見込みや動機がないと勉強に励みが出ない。手近なところでは、TOEICや英検のテストに挑戦するのもよいであろう。成績が良ければ、今の職場でも、あるいは転職にも有利である。実践の手始めとして、何かアルバイトやボランティアをするという手もある。

私の時代には、このように便利な機会はなかったが、第一回目の転職では、あれこれ苦労をしてなんとか入社にこぎつけた。ところが、いざ仕事を始めてみると、この銀行のマネージャーの秘書なるもの、退屈極まりない。

仕事はルーティンの雑用ばかり、大した英語を使うわけでもない。拍子抜けした。これでは仕事に意欲も湧かないし、このままでは腕は上がらず、将来の見通しも暗い。せっかく親切に採用してもらって申し訳なかったが、半年ほど我慢の上、上司に自分の仕事に対する気持ちを率直に説明し、丁重に謝罪して退職の同意をもらい、次の転職をすることにした。

やはり「Ｊａｐａｎ Ｔｉｍｅｓ」の求人広告で、あるアメリカ系の名の通ったビジネス組織が、英語の出来る日本人スタッフを募集していたので応募した。仕事は前より大変なようだが、秘書よりも自主性のある仕事で、自分には適していると判断した（鼻っ柱の強さだけが取り柄の頃だった）。

面接に行くと、口やかましそうな年配のアメリカ人の理事があれこれテストの末、なんとか採用された。仕事は忙しくて大変だったが、ここで鍛えられれば英語の上達と同時にアメリカ企業の情報も得られ、自分の将来の役にも立つだろうと期待してがんばった。

ところが、この理事の口やかましさ（むしろ、意地悪さ）が普通ではない。そのため、前任者が誰も続かなくて空きが出たポジションに私が雇われたのだ。それでも我慢して仕事をしていたが、ある時、あまりに理不尽な叱責（ほとんどヒステリー）を受けて、忍耐が切れた私は、相手の非を指摘して反論に出た。反論された理事はしばらくポカンとしていた。そして、その後も何も言わなかった。推察するところ、今までにそんな経験がなく、日本の女性は皆従順で自分に逆らうなんて考えもしなかったらしい。

私のほうは、反論して後悔どころかスッキリとした。どうにでもなれ、と開き直っていたら、二日して、その組織の日系アメリカ人の顧問弁護士から直接私に電話があり、職場を彼の法律事務所に変えてはどうかと言われた。

多分、やかまし屋の理事が、自分では扱いかねるジャジャ馬の私を追い出すために顧問弁護士と相談し、その事務所にトレードに出すことにしたらしい。私の採用時に、理事はその顧問弁護士に相談し、彼がＯＫを出したのではないかと思う（その責任を取らされたか）。

自分としては、それまではビジネス路線ばかりで、法律なんて念頭になかったので一瞬迷ったが、急なことで選択の余地もなかったから、しぶしぶ、声をかけてくれたその法律事務所で働くことにした。ところが、この三番目の転職で私は自分の生涯の専門分野に出会い、それからの長い年月をその道一筋に進むことになったのだ。

この三回の転職に関して、後で気づいたのだが、いずれも、きわどいところで採用されたのは、私の性格の怪我の功名である。根がオッチョコチョイのお人好し、猪突猛進、率直で、自分の意見をはっきりと主張し、本当はナイーヴ(?)で神経質なのに意識的に積極的かつ前向きに、明るく振舞う(自分に気合を入れるため)のである。

こういう態度は(特に女性は)、日本の会社では目障り、出しゃばり、生意気とか思われがちであるが(今野さんの就職活動の時と似ている)、アメリカ人の上司にはプラスに作用したようだ(アメリカが契機になった点も今野さんの場合と似ている)。

もっとも、私の場合は、後になってその落差に気がついた上司もいたようだけれど、入ってしまえば、道は後からついてくる。特に、今のように不況な時代には、誰でも、相手がネクラでウジウジよりネアカでやる気を出してテキパキのほうが救われる気がするであろう。あまり軽いのは困るが、元気よくいこうではないか。

とにかく、自分が今の歳になって分かるのだが、若い娘の向こう見ずなまでの突進をさりげなく見守って、庇ってくれた上司や年配の関係者がいたことでどれほど救われたことか。社会で経験を積んだ年配者には歳相応の目配りや配慮があるもの。貴女の周囲にも、きっとそんな人がいて、若い貴女の懸命の努力をさり気なく、しかし温かく見守り、陰ながら支えてくれているはずだ。

それともう一つ外資系の企業を転職する際に気をつけたいことだが、転職先が採用を決めるに当たり、前の企業に本人の勤務態度や成績を問い質すことが多いから、立つ鳥跡を濁さずにして辞めないと不利になることが多い。

二　国際法律事務所での日々

何かの縁で入った法律事務所で生涯の専門分野に出会ったと簡単に言ったけれど、やすやすとそこへたどり着いたわけではない。三回も転職して、もう後はないと思ったし、幸い、知的なレベルの高い国際的な事務所なので、田舎出の私には仕事以外にも広く世間を知るための勉強にもなった。

そのうえ、法律に興味が出てきて（最初に学んだ英文学より性に合っていた）、夜間大学の法科の三年に学士入学をし、仕事をしながら二年間学校へ通うことにした（長期戦の構えだ）。国際法や英米法等、なるべく自分に関連のありそうな国際関連の学科を集中的に学び、二十八歳で卒業した。

生来あまり頑健ではない私でも、こんな馬力が出る若さがあった。人生の仕込みの時期で、そんな時が誰にもあるはずだ。その波に乗り損ねないようにしよう。

今は、大学や大学院に社会人学級も出来、いろいろ専門学校もある。働きながら勉強する環境はずっと整備され、将来へのチャンスも広がっているから、その気になれば私のときよりずっと有利になっている。反対に、やる気のない人は一層落ちこぼれることになる。

さて、勤務先の法律事務所であるが、そこは当初はアメリカ人の弁護士たち（第二次大戦直後、特例により、日本で例外的に弁護士活動を認められた何人かのアメリカ人弁護士がいて、彼らもそのメンバーだった）がパートナーズ（経営者）となり、その下に、アソシエイツと呼ばれる日本人やアメリカ人の弁護士がいる事務所だった。そのうち弁護士の数もだんだんと増え、日本人弁護士もパートナー陣に加わって、国際法律事務所として拡大していった。

私はまだ学校に未練があり、大学院に在籍しながら働いていたが、自分の専門分野を国際性のある知財法制度に定め、その専門家としての弁理士になるための試験を受け、実務一本に集中することに決めた。と言っても、当時は五十倍近い競争率で（今はかなり緩和されている）、二、三年間、仕事と並行して夜間や週末に独りで勉強を続け、やっと試験に通ったときは三十歳を少々過ぎていた。同期に五十人ほどが合格したが、女性はたった二人だった。

試験に通ってやっと一息ついたが、その直前の私は、仕事も私生活もトラブルがらみで独り悩んでいた。見かねたか、ある男性の弁護士が、「（苦労から）逃げてはだめだよ、なお大変になるから」とさり気なく声をかけてくれた。特に親しい人でもなかっただけに、一層善意が身にしみ、「苦労は受けて立ち向かいなさい」というメッセージをしっかり心に刻んだ。それからも、何かトラブルがある度にこの言葉を思い出して励まされてきた。今度は私から貴女へこの言葉を贈りたい。

六　弁理士になった

普通、資格を得てもすぐにその実務をこなせるわけではなく、依頼者もあまりいないので、すぐには仕事にならないのだが、幸い、私の場合、それ以前から在籍の法律事務所でその分野の仕事を多少なりと扱っていたので、その延長でまあまあのスタートを切ることが出来た。しかし、資格を得たからと言って、即、事務所の待遇が変わったわけではなかった。初めの頃は、事務所側の牽制もあったりして、すっきりしない状態で、二回ほど競争関係にある他の事務所へ飛び出そうとした。

このときは、事務所の顧問役であった元裁判官の気難しい弁護士のところへ、相手側から私についての問い合わせがあったようだ。私の当時の状況をある程度理解してくれていたその方は、「一生懸命やる人だから使ってやってくださ い」と言われた由、後で相手側からの説明で知った。気難しいので敬遠していた方だけに、その温情に胸をうたれた。ところが、若気の至りの私は、それを知っても、御礼に伺うことに気が回らず、その間にその方は病を得て亡くなってしまった。せめてもと、葬儀の片隅に参列させていただいた。

しかし、結果として、トレードで私を引き取ってくれた日系の弁護士に慰留され（ずいぶん、あちこちに迷惑をかけたものだ）、事務所の知財部門（当時は特許部と言った）を私に任せるという約束を取りつけ、そこから、実際の職業活動が始まった。

そして、このような状況下で、私の事務所との関係も大きく変わった。事務所は法人ではないが、それまでは、一般の会社の従業員と同様の雇用関係で守られていたのが、弁護士同様、事務所とは委任のような契約関係に立つ自営業者扱いにされてしまった。他の事務所ではあまりない処遇であったが、私は独立・自主性を認められたと解釈することにした。

しかし、全く自由かというとそうではなく、一定の報酬を保証するかわりに、事務所側からあれこれ干渉や規制を受けた。それが嫌なら、一人で事務所を構えて独立してもよいのだが（事務所としてはそうしてほしかったのかもしれない）、やはり、この事務所ルートで入ってくる国際的で大きなスケールの仕事やその多彩さは、ここならではのもので魅力があった。それに、国際的にも名前を知られた事務所を背景にしての仕事は、自分一人の名前で仕事をするより重みがあると思い、少々の不都合を背負っても、その事務所に居座って仕事を続けることにした。

七　専門職の誇りと悩み

自営業の立場にあるのだから、仕事に支障がない限度内で、海外の専門会議出席や、そのついでに依頼者の会社に挨拶に立ち寄る行動を開始した。自分の仕事のテリトリーを確保し、一応事務所は通すが実質私の依頼者を増やすためである。もちろんその活動費は全部自己負担である。

事務所には事前に一報はするが、特に許可を求めはしなかった。事務所側は少々あっけに取られた様子であったが、文句をつける理由はない。何しろ、彼らが独自に決めた自営業者のステイタスである。それに、最低収入の保証はあるが、あとは、時間ベースの出来高払いで、私の稼ぎの三分の二を、やれ経費だ、雑費だ、人件費だといって事務所に納めるシステムになっていた。稼げども、稼げども、であるが、稼がないことには始まらない。

事務所に弁理士は私一人であり、アシスタントを二、三人使って、小規模の知財法関係の部門を担当し、デパートの中に出店した小売店主のようになった。そこを私が切り盛りしていたが、事務所はその部門を拡張するつもりはないようだった。自分たちに直接の利がないのと、弁護士と弁理士との職業的な対立意識のせいもあった。皮肉なことに、私が実務をリタイアする時期になって弁理士の業務範囲拡大の法改正があり、このような対立も少しずつ解消しつつある。この国際競争の時代に、それは当然の動向であるが、とにかく喜ばしいことである。しかし、当時の私にとっては、そのような問題はかなり大変ではあったが、すでに織り込み済みで、大きな組織の中で自立して働く環境と解釈する限り仕方がないと、あまり気にかけないことにしていた。

今、振り返って実感するのだが、何事にも良い面と悪い面があるのは当たり前、自分が決めた道は、悪い面があっても、良い面に希望を託し、投げ出さないで持続していけばなんとかなるし、前述のような状況の進展や、後述のような思いがけない救いがあったりするものである。

もっとも、その当時はもっと深刻で、退路を絶たれて無我夢中の思いで仕事をしていたのだが、今、振り返ると、それも懐かしい思い出である。

自分独りで責任を負う仕事が増えるにつれ、病気や休暇で仕事を休めなくなった（それどころか、皆が休みの土曜日まで、働いていた）。しかし、その緊張感のゆえか、最近まで大した病気もせずに、その小売店を守って来られたのも予想外の幸運であった。

その後、事務所は日本人の弁護士（男性が圧倒的）が増え、結局、パートナーズも日本人だけの組織となってゆくのであるが、その動きとともに、事務所は当初とは異なった雰囲気になっていった。私がかつて回避した例の日本的集団、仲間主義の空気である。それも有名高校から現役でT大入学、卒業時までに司法試験合格で英語も出来る（そして、英米の名門ロースクールに留学かその予定）というエリート中のエリート中心の集団であるから、ある意味で、非常にユニークな環境だ。それは一種の特権（意識）階級集団で、学閥、年功序列式のどこかの官庁そっくりだ。

特に多数派男性グループは、あまり経験もない若手の頃から女性秘書を付けられて、「ボス」としての存在である。そして、少数の女性弁護士には、ステイタス上の差別待遇である（パートナー、即ち経営スタッフにしない）。まして、たった一人の弁理士（おまけに女性）への対応については、想像もつくであろう。

しかし、私はこのようなことにはもう慣れっこになっていて、ひたすら我が道を行くのみであった。陰ではずいぶんと批判的なことも言われていたようだが、仕事が忙しくて、そんなことに気を使っている余裕がないのも幸いだった。むしろ、少数派の女性弁護士があまりに大人しいのが歯がゆいくらいだった。中には、事務所を辞めて、アメリカの大手企業関連の会社に社内弁護士として就職、同社の副社長にまでなった人もいたけれど、それは例外だ。

自分は、到底そのような実力はないから、ひたすら努力と辛抱の持続である。しかし、幸い、仕事が性格に合っていたので続いたのである。

こうして、まず、自分のスペシャリストとしての実績を積み、それを足がかりとして、法律なら（私の専門分野も含めて）すべて万能のごとく主張する、いわばゼネラリスト（日本式英語である）としての弁護士連合軍に対抗するような形になってきた。

依頼者には、機会あるごとに自分の仕事の立場をアピールすべく、スペシャリスト対ゼネラリストの関係で説明することにした。

ゼネラリストなんて、当時ですら時代遅れの感覚で（日本では、今でも会社のエリートコースの職種を総合職とか言うけれど、それは、国際感覚に合わないと思う）、特に先進国では一層そのようである。この複雑に国際化した取引社会や法体制の下で、なんでも万能のゼネラリストなんて実際にはあり得ないのだ。例えば、会社の社長だって、経営のスペシャリストである（日本ではその意識にずれがあるようだが）。

私はこのような事情を踏まえて依頼者に自分の立場をハンディキャップも含めて率直に説明した。そして、自分の専門分野に属する仕事をどちらサイドに依頼するかと問えば、依頼者は（社交辞令もあるとしても）、たいてい、快く、スペシャリストである私に仕事を任せると明言してくれるのだった。

こうして仕事を開拓していったけれど、当然、周辺にはそれに対する波風も立った。それでも、依頼者を後ろ盾に、我が道を譲らない私に、エリート軍団との仲はだんだん疎遠になり、彼らとの親近感（もともと大してなかったが）は薄れたけれど、マイペースを覚悟の私はそれで結構と思った。自分だって、それがベストとは思っていないけれど、事務所の多数権力派が差別主義、仲間主義であるのに対し、自分として譲れない職業上の一線があり、それを守るためには仕方がなかったのだ。

八　マイペース、しかし顧客第一主義

一度つけられた道は続くものである。私は長い年月その道をそのペースで歩いてきた。それでも、弁護士の中にも如才のない人たちもいて、共に訴訟の仕事をしたり、会議に出席したり、意見を求められたり、求めたり、いつも全くの独りではなかった。自分としてもこのような共同の仕事には快く応じてきたつもりだ。それはよい勉強にもなった。

また、自分の専門外の仕事を依頼者から受けたときは、そのような弁護士たちに頼むなどの配慮もした。それは両者間で多少の潤滑油にはなったが、それ

以上にはならなかった。気を回しすぎかもしれないが、そういう人たちは私の懐柔策を考えていたのかもしれない。けれども、私は強情にマイペース主義だった。それが処世術として良かったか悪かったか今でも分からない。

世間的に利口な女性なら、もっと別のやり方もあったかもしれない。実際、そのような、ある意味で妥協的な生き方をした人も何人か身近にいて参考にはなったが、自分には違和感があった。だから、私の場合は、もう、自分の性格というか能力の限界としてのマイペース主義しかなかったのだ。

しかし、企業の管理職のような職種では、組織全体の管理や調和への総合的な配慮は欠かせないから、私のようなやり方には問題がある。結局、職種とか仕事の立場による適性というものがあって、女性も能力主義で働くようになると、その適性をわきまえて仕事を選択することが必要になる。私の場合はその参考事例の一つと解釈されたい。

とにかく、私は私なりに、与えられた状況のもとで、長い間ベストを尽くして働いてきたつもりだが、そんな自分の心の一番の支えは依頼者との信頼関係につきる。それは、当初、全く予想さえしなかったことで、それゆえに一層有難かった。

これら依頼者は、主に欧米、特に米英の法律事務所や企業（直接に接触するのは法務部で私と同様の分野を専門とする弁護士やそれに類するスタッフであるから、厳密にはこのような人々）である。

もともと、それぞれの国の法制度に多少の違いはあるが、お互いに基本は同一の分野のスペシャリスト仲間という国境を越えた連帯意識がある。それプラス前述のような私の性格がなんとなく米英の人たちと相性の良い要素があるらしい。相手が誰であれ、仕事には全力投球するのを信条としてきた私を、三十年余も変わらず一番快く使ってくれたのは、気難しいことで知られたイギリス系のある大きな国際企業であった。

いまだギルド的な伝統のあるこの国では、メジャーの企業の評価は、すぐに他社の関連部門の連中に伝わるから、その効果は大きかった。アメリカの同業者間の組織や結束にも似た傾向があった。スタッフの転職が多いこれらの国でも、その移動はほとんど専門分野内でのことであるから、関連情報の伝達が速い。

だから、例えば、私がある依頼者から他の事務所で断られた面倒な事件を引き受けて、なんとかそれを解決したようなときの情報はすぐ広がり、その反応は私には応援歌のように響いた（その反対の場合もあったが、幸運にも大きなダメージにならずに済んだ）。

しかし、一見友好的に見えるが、世の中それほど甘くはなく、それはアングロサクソン流（のみならず、恐らく、大抵の商取引）の合理主義の上に成り立ったものであることを見逃してはならない。私の仕事にはスペシャリストとしての当然の質があったと自負するが、その上、長年手慣れているから仕事が速く、請求額も比較的安くて済んだのだ。まず、そこに顧客の満足があったのであろう。

即ち、安くて質がよく速いから商売になった。友情とか、人情とかで左右されたわけではない。当然である。それが、商売の真実としても、当時の私としては、特に計算してのことではない。仕事を効率良く、依頼者が満足するように処理出来るスペシャリストとしての実績は、長い間の努力の成果である。

こうして、地道に一生懸命仕事をする姿勢を、誰かがどこかで見ていてフェアに評価し、信頼してくれる。特にそれが依頼者であることは、仕事の上で何よりの充足感であり支えであった。

仕事も効率良く数をこなすから、収入もまあまあにはあり、それ以上の欲もなかった。だから、依頼者の反応は当然のことだったのかもしれないが、私にはそれで充分有難かった。また、そのような気持ちがなんとなく依頼者に伝わることで良好な関係が維持されたのであろう。

最近の日本の（特に若い人たちの）風潮は、就職難の上、就職しても仕事が面白くないとか空しいとの理由で離職率が高いとの指摘があったが、確かに、我が国でも、終身雇用から流動的な就業体制へのシフトが進みつつあり、雇用関係に変化が生じているようだ。それは、従来の企業優位一辺倒の制度の衰退と、雇われる側の自主性の主張でもある。

私は基本的にはこの流れに同調しているけれど、三年くらいチョットかじっただけで仕事の（まして専門的な仕事の）本当の面白さなんか分かりはしないことは先に述べた通りである。

だから、自主性はよいけれど、その本質を踏まえて進路を開拓してゆくことが一層必要になっていると思われる。さらに、国際化の時代となり、世間は広いし、いろいろな人たちがいる。狭い内向きの姿勢で自分に悲観的、投げやりになったり、反対に、確たる根拠もない高望みをしたりして浮き上がらないで、継続して一歩一歩積み上げる現実路線で自分のベストを尽くそう。そういうやる気のある姿勢を示そう。

そのようにして努力をしていけば、誰かが、どこかで、そんな姿勢を見ていてくれる。そして、また、思いがけない機会や出会いや支援、そして救いがあることを私の経験は示していると思う。

九　人を使う立場になって

しかし、いくら私が頑張ったところで、独りでは仕事は出来ない。まして、私がいたような小さな部署では、仕事の全体をある程度理解出来る良いアシスタントがいて、はじめて仕事の段取りというか、チームが組める。私のする仕事は核心部分に主眼をおき、細部は任せられるアシスタントがいないと、仕事の数を効率良くこなせないのだ。従って、良いアシスタントは何よりも必要なのだが、その人材がなかなか得られない。

自分のこれまでのことを棚に上げての批判で後ろめたいが、使う立場からの発言なのでご容赦願いたい。

十人十色、帯に短し、たすきに長しである。もっとも、私のところに回されるスタッフは、事務所が弁護士秘書の名目で募集した人員の中から、弁護士たち用の人事を決めた後の残りとか、数がはみ出したタイプとか、少々いわくのある人が多かった。それでも、たまにはいい人に出会うこともあったが、そういう人に限って、仕事に慣れはじめた頃には結婚退職となる。

しかし、私の部署に回された人にも言い分はあったようで、弁護士秘書（という人聞きのよい仕事）のつもりで就職したら、女性弁理士のアシスタントでは不満というようだった。弁護士や医師は女性の結婚願望の第一候補とかで、就職を理由の結婚相手探しと考えた人もいたらしい。

その仕事も弁護士の仕事の内容により個人差があり、とても忙しい人がいる一方、私が最初に逃げ出した雑用やルーティン事務が主体で、退屈至極ののんびりムードの人がいる。それでも、弁護士の体面とか、依頼者との関係もあり、また英語を使うので、給料は悪くない。現状維持でよければ楽なものだから、思惑通り弁護士と結婚して退職した少数を除き、ほとんど辞めず、同じ仕事をいつまでも続けている。なかには、若い人に取り替える弁護士もいたりして、歳をとると居心地は悪くなることもあるようだったが、そこに居続ける心理が私には分からなかった。

しかし、この点をさらにフォローしたところ、この世代になると親の介護が必要となり、自分の仕事との調整に苦慮している人がかなりいることが判明した。したがって、一律に論じるべきではないとしても、惰性的な就業者が多い一面も否定出来ない。

終業時間が近くなると帰り支度を始める（これはお役所なんかでもよく見かける風景だけれど）。そして、そのような人に限って、長く勤めているのに給料が安いとか上がらないという不満をよく口にするが、これは見当違いというものである。

一方、私の部署は長く居ついて、仕事に慣れている人は年齢に関係なく大歓迎だ。不慣れな若手のスタッフには、細かい指示を出さないと動きがとれず、これが、とても面倒なのだ。ついイライラしてしまう。若手にしてみれば、朝遅い弁護士の秘書のように、のんびりする暇もなく、仕事にうるさい私に追いまくられることになり、面白くない。反抗的な態度に出るものまでいる。あるいは、仕事の量や配分をめぐってアシスタント同士でいがみ合いなんてこともある。

このような感情的な対立でチームワークがうまく機能しないときには本当に困惑した。女性の職業人としての社会的なある種の未熟さを見る思いがして、自分自身にもまだそんな要素が残っているような気までしてきたものだ。当然のことながら、仕事の場では、意識して、きちんと一人前の社会人としての行動をわきまえたいものである。

女性が女性を使うのにはそれなりの苦労がある。仕事は仕事とドライに割切る私は、彼女たちとプライベートの付き合いはほとんど何もしなかった。人の使い方が下手だったのかもしれない。それに、中途半端な立場ゆえに、より強力なリーダーシップを発揮出来なかったこともある。

私は見込みのありそうな人には、意を尽くして、こうして事務処理能力を高めることは、彼女たちの将来に必ずプラスになるし、さらに勉強する気があるなら喜んで協力する、私を超えて成長してほしいとまで説いたのだが、あまり効き目はなかった。三年もすると辞めてしまう人がかなりいた。他人事ながら、私の気持ちが届かないことが悔しく、残念であった。

いずれにしても、何にも増して残念なのは、自分のアシスタントの中から自分の仕事の後継者を育てられなかったことだ。仕方がないから、他の事務所から資格者を引き抜いてきて、仕事を任せられるようにして、自分がリタイアするときのための責任をとった。

私がシビアかドライにすぎたのか、アシスタントたちの職業観が甘かったのか不明であるが、今のような厳しい経済事情の下では私などはまだ甘かったようだ。

昨今の実力主義の進展からすると、シビアの度合は増したと思うが、一方では、能力次第でもっと大きな成功のチャンスもあるということである。

これからは、使うほうも使われるほうも、上下関係は当然としても、それぞれの立場をより理性的に理解したうえで（今は、使うほうだって地位の安定が保障されているわけではない）、自らの能力をより効果的に生かす仕事への模索や挑戦が要求される時代のようである。

十　キャリアも家庭も子供も持てる社会へ

私自身は結婚もせず、仕事生活を生き、終わろうとしているので、このテーマを論じる資格はないのだが、時代の推移や現在の社会問題である少子高齢化を踏まえての客観的な一提案として理解してほしい。

あれこれ言いながらも、女性の職業進出と経済力アップへ世の中は動いている。そのような女性と結婚（家庭）との関わりにも変化が見られる。私の若い頃の感覚では、大半の女性は適齢期になれば結婚して、夫の経済力に依存する専業主婦になった。それに、仕事と結婚の両立は女性にとって今よりずっと大変だった（核家族制度は確立せず、家事労働も半端ではなかった）。しかし、今は状況が変わり、仕事と結婚の両立はずっと容易である。

現在、大きな社会問題となっている少子高齢化（による労働人口の減少）の背景には、先に指摘した、職場での不充分な女性の人材活用の他に、青年層の未婚、晩婚化の問題がある。

その理由はいろいろだが、パラサイトシングル、即ち、親離れせず（親も子離れせず）のケースも多いらしい。これも、人それぞれの人生観の違いがあるから、ワンパターンで論じられないが、世代の異なる親子は、生涯のパートナーではあり得ず、その意味で一線を画する間柄だ。親は子供を甘やかしすぎず、結婚による同世代のパートナーシップがあるべき姿であることを自ら自覚し、子供にも認識させるようにしなければと思う。

私の時代とは異なり、お互いに支え合う平等のパートナー同士の結婚としてみれば、考え方も変わる。相手に要求するのみでなく、自分も責任を分担する間柄だ。男女を問わず、仕事の責任が重くなるにつれ、帰る家庭があること、お互いの問題を語り合い助け合えるパートナーがいることがどれほど心の拠り所になるか計り知れない。

これは、私がうれしいにつけ悲しいにつけ、いつも感じてきたことである。人にもよるだろうが、一般に、働く人にとって、よいパートナーと家庭はとても大事な存在で、生活の充実はもとより、お互いの仕事を通して社会との接点も多くなって人間としての幅も広がるし、それらがまたよりよい仕事への原動力にもなる。そして、今の時代は、もしもパートナーの選択に誤りがあったとしてもやり直しがきく（社会もそれを容認しているのだから）。失敗を恐れて不必要に慎重になることもないであろう。

しかし、いろいろな調査データによると、このような青年たちは必ずしも結婚に否定的なわけではなく、単に適当な相手との出会いがないことを理由にしている人も多い。その「適当な」が問題である。

従来から、女性は高望み（上方志向）、男性は相手が下の条件で可（下方志向）が一般的な傾向であったところ、今のような経済情勢では、女性側のニーズに難ありとの指摘もある。男性の下方志向も自分の優位な経済力を根拠にしている場合は、やはり難ある時代である。

したがって、従来からの価値観の人たちも未だ一部には存在するとしても、実際には一般的ではなく、そのうち大勢としては自然消滅していくのではないだろうか。要は、どちらが上か下かではなく、お互いの相性であろう。女性の経済的な進出や男女間の差別撤廃がその動きをよりフレキシブルな方向へ進めると思う。

出会いの場があまりないという問題は昔からあったが、以前は私のような世話やきおばさんが近所や親戚にいて、お見合いの話を持ってきたものだった。今は、都会のみでなく、田舎でもそのような人間関係が希薄なようだ。

私は、それでも、年配の自分の義務と思って、友人や知人の息子や娘によい人がいると、お見合い（のようなもの）を勧めたことが四回ほどあったが、全部不成立だった。それも、一方はOKなのに他方がNOというケースばかり。その後はあきらめた。しかし、それが刺激剤となったように、間もなく、一組を除き、全員他の人と結婚しているので、間接的な役には立ったわけだ。

今でも、機会があれば紹介の労をとりたいと思ってはいる。しかし、私の考えに同調する周辺の同年配者が少ないのは心もとない。関心がない人の他に、出すぎてもと遠慮している人もいると思う。年配者にはそれなりの人を見る目があることが多いし、このようなボランティア的な協力を喜んで引き受けてくれる人もいるはずである。

若年層の方からも、顔やコネが広く、親しみやすい身近な年配者には、機会があれば、よろしくと一言依頼するぐらいしてもよいのではと思うのだが。

成熟社会の時代である。双方ともにもう少し接触の努力の余地ありと感じる。

では、子供はどうであろうか。私は、女性が子供を産み、育てることによって、自分自身も大きく成長するのを、周囲の友人、知人、血縁者の多くを見て実感してきた。

その本質は母性である。子供のいない私でさえ潜在的に有するこの女性の本能的資質は実に偉大で、生まれた子供と共に社会を活性化する源である。支配の理屈をこねるだけの男たちはこのパワーをよく理解せず、それを生かす充分な協力をしてこなかった。

このような状況下の具体的な解決策として、まず、女性の職業進出の気運を高めること（経済力の確保）、職業上の男女差別の撤廃から、産休・育児休暇の保証、保育施設の充実が必要と先に指摘した。男性パートナーによる家事・育児の協力は言わずもがなである。このところ、そういうカップルが増えているらしいのはけっこうなことながら、一層の協力が望まれる。付言すると、こういう作業、特に家事は急には身につかない。親が子供を育てる過程で身につけさせるしつけの一環である。しかし、成人してからでも、自分の日常生活の中で習得出来ることはしておこう（簡単な料理、片づけ、掃除、洗濯の類）。

また、パートタイムやワークシェアリングのようなフレキシブルな就労体制も、時に必要になるが正社員との差別が大きいと聞く。企業が人員減らしに正社員をリストラし、安い賃金のパートタイマーで埋め合わせているとか。このように差別される側の労働者には女性が多い。この点の差別解消についても、国連から勧告を受けているようで、ある程度の是正のための法改正がなされようとしているが、まだ不充分である。

とにかく、資質としての男女の違いをわきまえつつ、それぞれの個性を平等に生かし、守る社会体制の確立が女性本来の力量の発揮を可能にするのだ。

今までにも、女性で要職にありながら、結婚をし、子供ももうけて立派に育て、キャリア、家庭、子育ての三つをさりげなくこなしてきた女性もかなりいる。しかし、彼女たちは私の目から見ると、そして当時の社会基準からしても、所謂スーパーウーマンであった。しかし、前述のようなパートナーの協力と社会体制のサポートシステムが整い、差別が撤廃されれば、普通の女性でも相応の努力で、仕事をしながら結婚して子供を産み育てることが容易になる。そうなれば、個人差はあるとしても、より多くの女性が喜んでこの道を選ぶようになると思う。

また、少子の理由の一つとして、育児に費用がかかるからとも言われる。しかし、公的なサポートシステムの整備に加え、この頃の子供の教育への不必要なまでの出費（塾だのおけいこだの寄付金だの）を抑制すれば、解決出来ることではないだろうか。

それに、子供の教育はその子の個性や能力によって異なり、むやみに金をかければよいというものではないはずだ。私の場合など、自慢にもならないが、お金がかからなかった典型である。忙しい商家で、子供の頃から家事手伝いは当たり前、気にもならなかったが、教育は放任主義のくせに成績にこだわる父には子供心にもいささか反発し、人並に遊びながら、要領よく勉強する方法や時間の捻出に頭をひねったものだ。結果として、その後、高校で大学受験準備の頃には、勉強そのものが面白くなり、また、仕事を始めてからはその良し悪しは別としても、マイペース主義、そして自立志向にもつながったようである。ましで、仕事を通して社会的により広い視野に立つ判断力を得た親たるもの、子供に対してもそのような見識が自然に身に備わるであろうと期待している。

なお、不必要な子供の甘やかしの反面で、このところ、子供の虐待事件が続き、また、非嫡出子（婚外子）の戸籍上の表示を違法とする判決が出て（それは一歩前進としても）、そのような子供への法律上の差別（民法による相続分の制限）が改めて問題視されている。子供は親を選べない。子供全般の平等で適性な保護体制確立の必要を切実に感じる状況である。

企業側に対しても、人材不足を嘆く前にこのような時代の流れを理解し、女性、そして子供のために上記のような協力・保護・サポート体制を用意してごらんなさいと申し上げたい。そこが自分を生かし、働きたい、働きやすい場所と分かれば、多くの有能な女性が集まり、企業が望む人材の確保と事業の活性化に大きな効果が出ることであろう。

知財と弁理士の仕事について詳しく知りたい方は、分かりやすく説明したパンフレット「弁理士Ｎａｖｉ」を日本弁理士会が発行しています。送付ご希望の方は、お名前と郵便番号・住所を記載のうえ左記にご請求ください。

〒一〇〇－〇〇一三
東京都千代田区霞ヶ関三－四－二
日本弁理士会　広報担当係
Ｔｅｌ　〇三－三五八一－一二一一(代)

著者プロフィール
照嶋 美智子（てるしま みちこ）
弁理士

1958年　津田塾大学英文科卒業
1965年　中央大学法学部法律学科卒業
1966年　中央大学大学院法学研究科修士課程にて英米法研究（未修了）
1973年　ミシガン大学法学部にてアメリカ契約法研修
論文
アメリカ合衆国への商品輸出に伴う商標保護の問題について（翻訳及び解説）（月刊パテント　Vol.34 No.5）
西ドイツにおけるサービスマークの保護（翻訳及び解説）（月刊パテント　Vol.34 No.9）
アメリカ合衆国に於ける並行輸入に関する最近の判例（月刊パテント Vol.40 NO.9）、その他「ブランド」関連の小論文類（月刊パテント掲載）
著書
『技術者のための知的財産権講座』（発明協会 共著）

仕事が不満な貴女へ　――目指そうキャリアアップ――

2004年7月15日　初版第1刷発行

著　者　照嶋 美智子
発行者　瓜谷 綱延
発行所　株式会社文芸社
〒160-0022　東京都新宿区新宿1－10－1
電話　03-5369-3060（編集）
03-5369-2299（販売）

印刷所　図書印刷株式会社

ISBN4-8355-7623-3 C0095